Sandra und Sabine Arriens

Fensterbilder
für Advent und Weihnachten

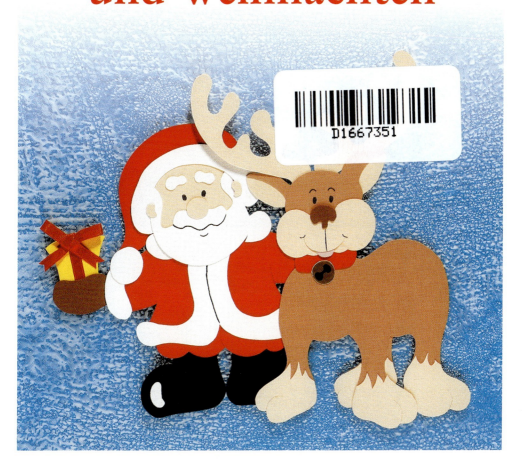

Die Deutsche Bibliothek - CIP-Einheitsaufnahme
Fensterbilder für Advent und Weihnachten / Sandra und Sabine Arriens. – Wiesbaden: Englisch, 2000
ISBN 3-8241-1003-2

© by Englisch Verlag GmbH, Wiesbaden 2000
ISBN 3-8241-1003-2
Alle Rechte vorbehalten. Nachdruck, auch auszugsweise, verboten.
Fotos: Frank Schuppelius
Printed in Spain

Das Werk und seine Vorlagen sind urheberrechtlich geschützt, jede Verwertung oder gewerbliche Nutzung der Vorlagen und Abbildungen ist verboten und nur mit ausdrücklicher Genehmigung des Verlages gestattet. Dies gilt insbesondere für die Nutzung, Vervielfältigung und Speicherung in elektronischen Systemen und auf CDs. Es ist deshalb nicht erlaubt, Abbildungen und Bildvorlagen dieses Buches zu scannen, in elektronischen Systemen oder auf CDs zu speichern oder innerhalb dieser zu manipulieren.

Die Ratschläge in diesem Buch sind von der Autorin und dem Verlag sorgfältig erwogen und geprüft, dennoch kann eine Garantie nicht übernommen werden. Eine Haftung der Autorin bzw. des Verlages und seiner Beauftragten für Personen-, Sach- und Vermögensschäden ist ausgeschlossen.

Inhaltsverzeichnis

Vorwort 5
Material und Werkzeug 6
Grundanleitung 6
Fensterbilder 8
Nikolaus mit Rentier 8
Nikolausstiefel 9
Wichtel 10
Schneemann mit Häschen 11
Bärchen auf der Sternschnuppe 12
Häschen im Schnee 14
Schneemann mit Vogel 15

Weihnachtsfenster 16
Eisbär beim Auspacken 18
Schaukelpferd 19
Wichtelkette 20
Weihnachtsmann im Schlafanzug 22
Häschen am Baum 23
Bescherung 24
Weihnachtsmann am Kamin 26
Rentierschlitten 28
Kerze 30
Krippe 31

Vorwort

Bald ist es wieder soweit. Die schönste Zeit des Jahres mit ihren langen Winterabenden läutet die Vorfreude auf die Weihnachtszeit ein. Was gibt es Schöneres, als in gemütlicher Runde Dekorationen für die eigenen vier Wände oder Geschenke zu basteln? Alle unsere Ideen schmücken Fenster und Wände. Die vorgestellten Motive werden aus Fotokarton gefertigt und sind auch mit Kindern leicht nachzubasteln. Welche Oma freut sich nicht über ein selbst gefertigtes Geschenk?

Viel Spaß und gutes Gelingen wünschen
Sandra und Sabine Arriens

Material und Werkzeug

Zum Basteln der in diesem Buch vorgestellten Fensterbilder benötigen Sie folgendes Material und Werkzeug:

- Fotokarton in verschiedenen Farben
- harter und weicher Bleistift
- weiches Radiergummi, Anspitzer
- Klebstoff
- Transparent- oder Architektenpapier zum Abpausen
- feste Pappe
- Schneideunterlage
- Cutter, Silhouetten- oder Nagelschere
- Prägestift (Embossing)
- wasserfester Fineliner in Schwarz (dünner Filzstift)
- Nylonfaden zum Aufhängen, Nähnadel
- kleine Wäscheklammer

Für einige Fensterbilder benötigen Sie zusätzlich folgendes Material:

- Buntstifte
- Klebesterne in Gold
- Klebepunkte in Rot, Gelb und Grün
- Glimmerfarbe in Rot, Grün, Blau und Gold
- irisierendes Glimmerpulver
- Transparentpapier in verschiedenen Farben
- Watte
- selbstklebende Hologrammfolie in verschiedenen Farben
- selbstklebendes Nachtleuchtpapier
- Goldstift
- Fineliner in Blau (dünner Filzstift)

Grundanleitung

Herstellen von Schablonen

Suchen Sie das gewünschte Motiv aus dem Vorlagebogen heraus, und legen Sie Transparentpapier darüber. Dann zeichnen Sie mit einem harten Bleistift alle Teile des Motivs ab. Die abgepausten Zeichnungen werden auf feste Pappe geklebt und mit der Schere entlang der Konturlinien ausgeschnitten. Auf diese Weise erhält man Schablonen, die sich mehrfach verwenden lassen. Wenn Sie statt des Transparentpapiers Architektenpapier verwenden, entfällt

das Aufkleben auf Pappe, da Architektenpapier wesentlich fester ist und selbst als Schablone verwendet werden kann.

Zuschneiden der Motivteile

Zum Übertragen der Schablonen auf den farbigen Fotokarton benutzen Sie entweder einen weichen Bleistift oder einen

Prägestift. Alle Teile des Motivs werden auf Fotokarton in den entsprechenden Farben übertragen. Nun können Sie alle Elemente des Motivs mit dem Cutter ausschneiden. Bei einigen Teilen empfiehlt sich der Einsatz von einer Nagel- oder Silhouettenschere. Sind Bleistiftspuren auf den ausgeschnittenen Motivteilen verblieben, sollten diese wegradiert werden. Bei der Verwendung von Prägestift entfällt das Radieren.

Zusammenkleben

Bevor Sie mit dem Zusammenkleben beginnen, sollten Sie erst einmal die Passform der Motivteile überprüfen und diese der Vorlage entsprechend den anderen Teilen des Motivs zuordnen. Alle Fensterbilder sollten gegengleich gearbeitet werden, das heißt Sie benötigen jedes Motivteil zweimal. Da Bilder, die für die Wand gedacht sind, nur von der Vorderseite zu sehen sind, genügt für sie eine einfache Ausfertigung. Das fertig geklebte Bild wird mit Fineliner oder Buntstift bemalt.

Aufhängung

Um ein fertiges Bild aufzuhängen, muss es zunächst ausbalanciert werden. Dazu sucht man mit Hilfe einer kleinen Wäscheklammer, durch die ein Faden gezogen wird, den Schwerpunkt des Bildes. Hängt das Bild gerade, zieht man an der entsprechenden Stelle mit einer Nähnadel den eigentlichen Aufhängefaden durch. Bei sehr großen Motiven sollten Sie zwei Aufhängefäden benutzen.

Tipp: Klebstoff sollten Sie sparsam verwenden. Klebeflecken auf dem Fotokarton lassen sich vermeiden, indem Sie die aufzuklebenden Teile erst anpassen und leicht mit dem Prägestift anzeichnen. So können Sie besser erkennen, welche Fläche mit Klebstoff eingestrichen werden kann, ohne dass dieser dann über den Rand des Fotokartons quillt.

Hinweis: Bei einigen Figuren haben wir die Konturen, beispielsweise Arme und Beinansätze, nicht gezeichnet, sondern mit dem Cutter geschnitten. Die Konturen sind dadurch gut zu erkennen, und das Aufzeichnen entfällt.

Fensterbilder

1. Nikolaus mit Rentier

Material:
- Fotokarton in Rot, Weiß, Hautfarben, Schwarz, Hellbraun, Vanille, Rosa, Gold, Dunkelbraun und Gelb
- Satinband in Rot
- wasserfester Fineliner in Schwarz

Anleitung:

Jede Figur wird zunächst für sich zusammengeklebt. Auf das Gesicht vom Nikolaus fixieren Sie erst den Bart und dann den Pelzbesatz. Das Mützenteil wird von hinten befestigt. Nase, Ohren und Brauen kleben Sie anschließend auf. Auf dem Mantel fixieren Sie von vorn den Pelzbesatz und von hinten die Stiefel. Dann wird der Kopf auf den Körper geklebt und die Bommel der Mütze fixiert. Befestigen Sie auch Handschuhe und Geschenk, nachdem Sie letzteres mit Satinband verziert haben. Für das Rentier kleben Sie die Schnauze auf das Gesicht und fixieren dann die Nase. Von hinten befestigen Sie die Ohrmuscheln und das Geweih am Kopf. Das vierte Bein wird von hinten angefügt, und das Halsband wird aufgeklebt. Darauf wird der Kopf fixiert. In den Einschnitt der Schnauze schieben Sie die Zunge und fixieren diese. Zum Schluss zeichnen Sie mit dem Fineliner die Gesichter, die Kontur des Mantels sowie die Glocke.

2. Nikolausstiefel

Material:
- Fotokarton in Weinrot, Rot, Weiß, Vanille, Beige, Zimt, Hell- und Dunkelbraun
- wasserfester Fineliner in Schwarz

Anleitung:
Kleben Sie Lebkuchen, Zimtstern und Zuckerstange zunächst einzeln zusammen, und fixieren Sie dann den Zimtstern auf dem Lebkuchen und auf dem Zimtstern wiederum die Zuckerstange. Auch den Bärenkopf fügen Sie zusammen und kleben diesen ebenfalls auf den Lebkuchen. Kleben Sie den Pelzbesatz auf den Stiefel, und fügen Sie die zusammengeklebte Gruppe von hinten an. Die Pfötchen des Bären sowie die Bommel werden von vorn auf den Pelzbesatz des Stiefels geklebt. Dann malen Sie die Augen des Bären.

3. Wichtel

Material:
- Fotokarton in Rot, Weinrot, zwei Blautönen, Hautfarben, Vanille, Hell- und Dunkelbraun
- Fotokarton in Regenbogenfarben sowie in Blau mit Sternen
- wasserfester Fineliner in Schwarz
- roter Buntstift

Anleitung:
Bei beiden Figuren sind die Konturen der Arme, Hosenbeine, Mützen, Ohren, Bäckchen und Münder mit dem Cutter eingeschnitten. Diese Schnitte erfolgen vor dem Zusammenkleben. Das Zusammenfügen der Einzelteile ist ganz einfach, wenn Sie sich an der Abbildung orientieren. Ein besonderer Pfiff dieses Fensterbildes ist der mit Sternen gemusterte Pullover des rechten Wichtels. Bei diesem Wichtel schieben Sie die Mütze hinter das Ohr. Das Päckchen wird aus regenbogenfarbenen Karton ausgeschnitten. Zum Schluss malen Sie die Bäckchen mit rotem Buntstift und die Augen mit schwarzem Fineliner.

4. Schneemann mit Häschen

Material:
- **Fotokarton in Weiß, Schwarz, Orange, Bordeaux, Ocker, Vanille, Hell- und Dunkelbraun**
- **Hologrammfolie in Rot**
- **wasserfester Fineliner in Schwarz**

Anleitung:
Von vorn kleben Sie dem Schneemann den Hut und den linken Arm an. Das Hutband besteht aus roter Hologrammfolie. Der rechte Arm wird von hinten fixiert. Arbeiten Sie den Besen, und kleben Sie auch diesen auf, ebenso die Mohrrübe. Die Häschen fügen Sie zusammen und kleben diese auf den Schneemann, zuerst den helleren und teilweise darüber gesetzt den dunkleren Hasen. Schieben Sie den Schneemann in den eingeschnittenen Schlitz der Schneewehe. Zum Schluss malen Sie die Gesichter sowie die Struktur des Besens mit Fineliner auf.

5. Bärchen auf der Sternschnuppe

Material:
- Fotokarton in Gelb, Beige, Weiß, Rot, Hell- und Dunkelbraun
- Transparentpapier in Gelb
- wasserfester Filzstift in Schwarz

Anleitung:

Durch das Transparentpapier, das hinter den Stern geklebt wird, leuchtet die Sternschnuppe am Fenster. Kleben Sie das Bärchen zusammen. Der Pelzbesatz der Mütze wird hinter das eingeschnittene Ohr geschoben und fixiert. Mütze, Bommel und Stummelschwänzchen werden von hinten an das Bärchen geklebt. Wenn das Bärchen seinen Platz auf der Sternschnuppe gefunden hat, können Sie mit Fineliner das Auge malen.

6. Häschen im Schnee

Material:
- Fotokarton in Weiß, Beige, Hell- und Dunkelbraun
- wasserfester Fineliner in Schwarz

Anleitung:
Zuerst wird das Stummelschwänzchen an den Körper des Häschens geklebt. Schieben Sie den Körper dann in den Einschnitt der Schneewehe, und fixieren Sie ihn. Das Ohrinnere wird auf das Ohr geklebt. Durch die Kontureneinschnitte des Schnäuzchens können Sie dieses anheben und den Zahn einkleben. Fixieren Sie auch das Näschen und die Augenbrauen, und kleben Sie dann den Kopf auf. Zum Schluss werden die Augen mit Fineliner gemalt.

7. Schneemann mit Vogel

Material:
- Fotokarton in Weiß, Schwarz, Orange, Rot, Hell- und Dunkelbraun
- wasserfester Fineliner in Schwarz
- roter Buntstift

Anleitung:
Kleben Sie Schneemann, Baum und Vogel erst einmal einzeln zusammen. Die Bäckchen des Schneemannes werden mit dem Cutter eingeschnitten und dann mit Buntstift bemalt. Auch in die Schneewehe wird mit dem Cutter ein Schlitz geschnitten. Dort schieben Sie den Baum ein und fixieren ihn. Kleben Sie den Schneemann so auf die Schneewehe, dass er zwei Äste des Baumes berührt. Dann setzen Sie den Vogel auf die Hand des Schneemannes. Die Konturen von Schneemann und Vogel werden mit Fineliner gezeichnet.

8. Weihnachtsfenster

Material:
- Fotokarton in Weiß, Blau, Grasgrün und Tannengrün, Rot, Hell- und Dunkelbraun
- Nachtleuchtpapier
- Glimmergold
- kleines Stanzeisen für Sterne
- wasserfester Fineliner in Schwarz

Anleitung:
Das Besondere an diesem Fensterbild sind die Sterne aus Nachtleuchtpapier. Sie spiegeln eine klare Winternacht wider. Sie werden mit dem Stanzeisen ausgestanzt. Das Bild ist sehr leicht zusammenzukleben. Die Schneewehe wird mit dem Cutter eingeschnitten, um das fertige Haus und die Tanne einschieben und festkleben zu können. Die Blätter fächern Sie ineinander und kleben diese fest. Auf die roten Kugeln geben Sie etwas Glimmergold. Anschließend zeichnen Sie mit Fineliner die Blattkonturen auf.

9. Eisbär beim Auspacken

Material:
- Fotokarton in Weiß, Weinrot und Vanille
- blauer Fotokarton mit Sternen
- wasserfester Fineliner in Schwarz

Anleitung:
Ein bisschen tollpatschig stellt sich unser kleiner Eisbär beim Auspacken an. Mit Hilfe der Abbildung werden Sie ihn spielend leicht zusammenkleben können. Die Schleifenbänder werden ausgeschnitten und auf den Bären geklebt. Fixieren Sie zuerst den hinteren Arm, bevor Sie das Paket aufkleben. Die Konturen des vorderen Arms sowie des Beins werden mit dem Cutter eingeschnitten. Zum Schluss wird das Gesicht und das Ohr mit Fineliner gezeichnet.

10. Schaukelpferd

Material:
- Fotokarton in Vanille, Rot, Weinrot, Beige, Blau und Dunkelbraun
- wasserfester Fineliner in Schwarz
- Goldstift

Anleitung:
Als Erstes wird das Zaumzeug auf dem Pferdekopf befestigt. Die Mähne wird zum Teil hinter den Kopf und zum Teil von vorn über dem Zaumzeug aufgeklebt. Kleben Sie auch Sattel und Schweif auf, und fixieren Sie das Pferd hinter dem Holzgestell. Mit Fineliner wird das Auge aufgemalt, die Verzierungen des Schaukelpferdes malen Sie mit Goldstift.

11. Wichtelkette

Material:
- Fotokarton in Rot, Weinrot, Hautfarben, Hell- und Dunkelbraun, 2 Blautönen, Mintgrün, Hell- und Dunkelgrün, Vanille, Flieder, Lila, Pink, Orange, Hellgrau und Weiß
- Fotokarton in Regenbogenfarben
- Satinband in Rot
- roter Buntstift
- wasserfester Fineliner in Schwarz

Anleitung:
Wenn Sie jeden Wichtel einzeln zusammenkleben und sich an der Abbildung orientieren, wird Ihnen dieses Fensterbild ganz leicht gelingen. Die Konturen für Bäckchen, Münder, Ohren, Hosenbeine und Armansätze sind mit dem Cutter geschnitten. Bei den Ohren ist dieses unbedingt erforderlich, da Mützen oder Haare direkt dahinter geschoben werden, bevor

Sie diese Teile aneinander fixieren können. Die übrigen Konturen können Sie auch mit dem Fineliner zeichnen. Die Päckchen verzieren Sie vor dem Aufkleben mit Satinband. Die roten Bäckchen werden mit Buntstift gemalt. Die Gesichter und die Konturen des Schnees zeichnen Sie mit Fineliner.

12. Weihnachtsmann im Schlafanzug

Material:
- Fotokarton in Weiß, Rot, Hautfarben, Mocca, Hellblau und 2 Brauntönen
- Transparentpapier in Orange
- wasserfester Fineliner in Schwarz
- Fineliner in Blau

Anleitung:
Zunächst werden der Schlafanzug und die Mütze mit blauem Fineliner bemalt. Jeder Streifen wird mit schwarzem Fineliner eingerahmt. Dann kleben Sie die Augenbrauen, die Brillengläser und den Bart auf das Gesicht. Zwischen dem eingeschnittenen Bart schieben Sie den Mund und fixieren ihn. Kleben Sie den Mützenbesatz und darüber das Ohr auf. Setzen Sie den Arm auf den Oberkörper, und fixieren Sie dann den Kopf. Von hinten kleben Sie die Mütze an und von vorn die Bommel. Schieben Sie die Kerze mit der Flamme aus Transparentpapier in die Hand des Weihnachtsmannes, und fixieren Sie diese von hinten am Arm. Die Konturen der Finger werden zuvor mit dem Cutter eingeschnitten. Setzen Sie den Weihnachtsmann vollständig zusammen, bevor Sie ihn auf den Sack kleben. Auch das fertige Bett wird auf dem Sack fixiert. Zum Schluss malen Sie die Augen und den Flicken auf dem Sack mit schwarzem Fineliner.

13. Häschen am Baum

Material:
- Fotokarton in Grün, 2 Gelbtönen, Rot, Blau, Orange, Weiß, Hell- und Dunkelgrau
- Klebesterne in Gold
- Goldglimmer
- wasserfester Fineliner in Schwarz
- Goldstift

Anleitung:
Fixieren Sie zunächst Pelzbesatz und Mütze am Hinterkopf des Häschens. Dann kleben Sie Bommel, Schnäuzchen und Stern auf. Schneiden Sie die Hand etwas ein, um den Stern einschieben und festkleben zu können. Auch die Linie zwischen Hand und Fuß wird mit dem Cutter eingeschnitten. Kleben Sie das Häschen an die Baumspitze, und kleben Sie die rechte Hand von vorn auf den Baum. Setzen Sie die Pakete aneinander, und kleben Sie diese seitlich hinter den Baum. Zum Schluss zeichnen Sie das Gesicht des Hasen mit schwarzem Fineliner. Für die Verzierungen der Pakete verwenden Sie sowohl Fineliner als auch Goldstift. Den Tannenbaum verzieren Sie mit etwas Goldglimmer und goldfarbenen Klebesternchen.

14. Bescherung

Material:
- Fotokarton in Rot, Weiß, Hautfarben, Grün, Hell- und Dunkelbraun
- Fotokarton in Regenbogenfarben
- Satinband in Rot
- wasserfester Fineliner in Schwarz

Anleitung:
Für den Weihnachtsmann wird zuerst der Bart auf das Gesicht geklebt. Den Pelzbesatz für die Mütze fixieren Sie auf der Stirn und hinter den Ohren. Von hinten kleben Sie die Mütze an. Auf das Gesicht kleben Sie die Brillengläser und den Mund und über diese Teile den Schnauzbart und die Nase. Beim Mantel werden die Konturen der Ärmel mit dem Cutter eingeschnitten. Fixieren Sie den Pelzbesatz für Ausschnitt und Saum. Jetzt kleben Sie den Körper auf den Mantel und fixieren auch die Bommel der Mütze. Den fertig geklebten Sack schieben Sie unter den linken Arm des Weihnachtsmannes. Kleben Sie den Sack fest. Dann fixieren Sie die Handschuhe auf dem Sack und kleben die Pelzbesätze darüber. Zum Schluss zeichnen Sie mit Fineliner die Konturen des Flickens und die Augen des Weihnachtsmannes. Für den kleinen Eisbär dekorieren Sie das Paket mit Satinband. Dann kleben Sie es sowie das Stummelschwänzchen von hinten an den Bären. Die Konturen von Bein, Arm und Ohr werden mit dem Cutter eingeschnitten. Zum Schluss malen Sie mit Fineliner das Gesicht auf.

15. Weihnachtsmann am Kamin

Material:
- Fotokarton in Rot, Weiß, Schwarz, Hell- und Dunkelgrün, Gelb, Orange, 2 Blautönen, Weinrot, Violett, Flieder, Hautfarben, Dunkelgrau, 3 Brauntönen und Vanille
- Hologrammfolie in Gold und Rot
- Glimmerfarbe in Blau, Rot, Grün und Gold
- Klebesterne in Gold
- Klebepunkte in Rot, Gelb und Grün
- wasserfester Fineliner in Schwarz

Anleitung:

Beginnen Sie mit dem Gesicht des Weihnachtsmannes. Zuerst kleben Sie den Kinnbart und dann den Pelzbesatz für die Mütze auf. Von hinten fixieren Sie die Mütze. Anschließend kleben Sie den Mund und zwischen Mund und eingeschnittener Nase den Oberlippenbart auf. Fixieren Sie das Ohr und die Bommel. Bevor Sie weiterkleben, sollten Sie die Teile des Weihnachtsmannes zunächst auf dem Sessel anpassen. Kleben Sie zunächst die hellblauen Kanten auf den Sessel, darauf die Stiefel und dann die Hose. Das rechte Bein wird eingeschnitten, um hier später das fertig gearbeitete Buch einschieben zu können. Als Nächstes wird der Mantel mit Pelzbesatz und die linke Armlehne aufgeklebt. Dann fixieren Sie den Kopf des Weihnachtsmannes. Kleben Sie das

Buch auf und darüber die Handschuhe. Fixieren Sie die rechte Armlehne, und malen Sie Konturen und Gesicht mit Fineliner. Das Buch wird zusätzlich mit Glimmerfarbe verziert. Fügen Sie Kamin und Tannenbaum zusammen, und orientieren Sie sich dabei an der Abbildung. Die oberste Lage der Flammen des Kaminfeuers wird aus goldfarbener Hologrammfolie ausgeschnitten. Die Rundbögen der Tanne sind mit Cutter eingeschnitten. Verzieren Sie die Tanne und den Kaminsims mit Glimmer, und kleben Sie die Punkte und Sterne auf den Weihnachtsbaum. Dann fügen Sie das Bild zusammen und kleben den Zug auf die Tanne. Die Dächer der Zugwaggons sind dabei aus roter Hologrammfolie geschnitten.

16. Rentierschlitten

Material:
- Fotokarton in Dunkel- und Mittelblau, Grün, Rot, Weiß, Hautfarben, Beige, Weinrot, Gold, Hell- und Dunkelbraun
- Hologrammfolie in Gold
- Nachtleuchtpapier
- Watte
- Stanzeisen für Sterne
- wasserfester Fineliner in Schwarz
- Zirkel oder Untertasse

Anleitung:
Schneiden Sie die dunkelblaue Grundplatte für den Hintergrund und die weiße Schneelandschaft zu. In die Schneelandschaft schneiden Sie mit dem Cutter Bögen für die Häuser und die kleinere Tanne ein. Dort werden die fertig zusammengefügten Teile eingeschoben und fixiert. Für die goldfarbenen Fenster- und Türrahmen verwenden Sie Hologrammfolie. Die zwei größeren Tannenbäume werden auf die Landschaft geklebt. Kleben Sie den Mond auf, den Sie aus Nachtleuchtpapier mit einem Durchmesser von ca. 13,5 cm zuschneiden. Darüber passen Sie den Weihnachtsmann mit drei Rentieren an. Alle Figuren werden zunächst einzeln zusammengeklebt und dann an der entsprechenden Stelle fixiert. Die Sterne werden ausgestanzt und auf den Nachthimmel geklebt. Als Rauch fixieren Sie etwas Watte über den Schornsteinen der Häuser. Mit Fineliner malen Sie die Gesichter, die Flickennähte des Weihnachtssackes sowie die Glöckchen der Rentiere.

17. Kerze

Material:
- **Fotokarton in Gelb, Orange, Rot, Weinrot, Schwarz und 3 Grüntönen**
- **Transparentpapier in Gelb**
- **wasserfester Fineliner in Schwarz**
- **weißer und roter Buntstift**

Anleitung:
Kleben Sie den Kerzenstumpf zusammen. Der Strahlenkranz wird mit Transparentpapier hinterklebt und hinter der Kerze fixiert. Die vier Tannenzweige werden von hinten an die Kerze geklebt. Kleben Sie die zweifarbigen Ilexblätter erst zusammen, bevor Sie sie auf der Kerze fixieren. Anschließend kleben Sie die roten Beeren auf. Dann zeichnen Sie die Konturen der Tannenzweige und das Gesicht mit Fineliner. Die Augen werden mit weißem Buntstift unterlegt, und mit rotem Buntstift malen Sie die Bäckchen.

18. Krippe

Material:
- Fotokarton in Gelb, Weiß, Hell- und Dunkelgrau, Hautfarben, Beige, Hell- und Dunkelbraun
- wasserfester Fineliner in Schwarz

Anleitung:
Bevor Sie mit dem Kleben beginnen, passen Sie alle Teile an. Der Innenraum der Krippe besteht aus zwei Grundplatten. Auf die hellere im oberen Bereich werden nur der Kopf des Esels und die weißen Kopfteile der Schäfchen aufgebracht. Dann kleben Sie die dunklere Grundplatte für den unteren Bereich darüber. Jetzt können Sie alle übrigen Motivteile aufkleben. Orientieren Sie sich dafür an der Abbildung. Bei den Figuren werden die Konturen der Arme zuvor mit einem Cutter eingeschnitten. Die Gesichter und alle übrigen Konturen des Sterns malen Sie mit Fineliner.

ISBN 3-8241-0913-1
Broschur, 32 S., Vorlageb.

ISBN 3-8241-0841-0
Broschur, 16 S., 3 Vorlageb.

ISBN 3-8241-0866-6
Broschur, 32 S., Vorlageb.

ISBN 3-8241-0842-9
Broschur, 32 S., Vorlageb.

ISBN 3-8241-1011-3
Broschur, 16 S., 3 Vorlageb.

ISBN 3-8241-0924-7
Broschur, 16 S., 2 Vorlageb.

Lust auf Mehr?

Liebe Leserin, lieber Leser,
natürlich haben wir noch viele andere Bücher im Programm.
Gerne senden wir Ihnen unser Gesamtverzeichnis zu.
Auch auf Ihre Anregungen und Vorschläge sind wir gespannt.
Rufen Sie uns einfach an oder schreiben Sie uns.

Englisch Verlag GmbH
Postfach 2309 · 65013 Wiesbaden
Telefon 06 11/9 42 72-0 · Telefax 06 11/9 42 72 30
E-Mail info@englisch-verlag.de
Internet http://www.englisch-verlag.de